Robert Rauner

Die Welt hängt schief

Gedichte und Anekdoten

Bibliografische Information der Deutschen Nationalbibliothek: Die Deutsche Nationalbibliothek verzeichnet diese Publikation in der Deutschen Nationalbibliografie; detaillierte bibliografische Daten sind im Internet über dnb.dnb.de abrufbar.

Verlag:
BoD · Books on Demand GmbH, Überseering 33,
22297 Hamburg, bod@bod.de
Druck:
Libri Plureos GmbH, Friedensallee 273, 22763 Hamburg

ISBN: 978-3-8192-2712-7

Kannst du den Bogen deiner Zeit ermessen,
den kühnen Wurf, die Weite deiner Flur?
Mag man dich eines Tages auch vergessen,
die Lebensbahn als Wimpernschlag vermessen:
So warst du doch - wenn auch - ganz flüchtig nur,
das kleine Rad in einer großen Spur.

Robert Rauner

Herbstblues

Die Welt hängt schief, die Sonne blendet,
der Himmel trägt ein fahles Blau –
und dort, wo jetzt die Sehnsucht endet,
sind alle Flure nur noch grau.

Verwaist sind weite Stoppelfelder,
der Farbenrausch ist längst dahin –
und über windzerzauste Wälder,
die letzten Vogelschwärme zieh'n.

Lu ist verreist und kommt nicht wieder;
sie nahm die beiden Koffer mit,
die Strapse und das enge Mieder
woran mein Auge immer litt.

Ich werde sie bestimmt nicht suchen –
es bleibt dabei, sie bleibt vermisst;
ich werde schimpfen, leise fluchen
und hoffen, dass sie mich vergisst.

Doch wenn sie wiederkommen sollte –
ich bin kein Unmensch, kann verzeih'n,
und wenn sie ernsthaft bleiben wollte,
obwohl ich eben ernsthaft grollte –
dann ist die Bude (wieder) viel zu klein.

Die Sphinx

Man hat die Dame oft besungen:
Bekrallt, gar fürchterlich und schön –
doch Papa hat die Sphinx bezwungen,
mal eben im Vorübergeh'n.

Die sanfte Hand auf blanker Pfote –
sie hatte wohl so ein Gefühl
als sei der aufgeblühte Tote
ein Pharao vom alten Nil.

Ich ließ den Irrtum einfach gelten –
sie würde mich eh nicht versteh'n,
denn zwischen uns da liegen Welten
und Leidenschaften die vergeh'n.

Ich mag es nicht wenn Steine weinen –
bediente eine alte List:
Die Mär von jener einzig Einen
und Sonnen die uns ewig scheinen,
obwohl es eine Lüge ist.

Sphinx: Schlossgarten im Belvedere (Privatarchiv)

Doch wärst du wirklich mal die Meine,
ich fände es unendlich schön
und würd' mit dir, an loser Leine,
im Belvedere spazieren geh'n.

(Wien 2024)

Elegie des Lächelns

Bist wie ein Garten, sagten oft die Weisen –
es grünt und blüht, ein bunter Vogel singt.
Du ruhst in dir, du musst dir nichts beweisen
und fügst dich still, in den erlauchten Kreisen,
der sanften Hand, die weder beugt noch zwingt.

Du bist die Blüte junger Jahreszeiten,
des Sommers Schwere und der Erntedank –
und offen bist du stets nach allen Seiten,
und alle Sehnsüchte und alle Weiten
durchströmen dich berauscht wie ein Gesang.

Du bist der schwere Duft der späten Rosen,
die Sehnsüchte der wehen wunden Brust –
die Einsamkeit der allzeit Heimatlosen,
die niemals betteln wollten um Almosen:
Melancholie von Heimkehr und Verlust.

Ich sah ihn einmal kommen in der Frühe,
als noch der Tau auf reifen Beeren hing.
Ich war ein Kind und hatte sichtlich Mühe
und klaute mir die Beeren in der Frühe:
Er sah mich an, er lächelte und ging…

Ich sollte

Ich sollte endlich mal erwachsen werden,
nicht immer meine krummen Wege geh'n;
ein schlauer Zeitgenosse folgt den Herden:
da ist das Leben einfach, satt und schön.

Ich müsste mich - verdammt mal - konzentrieren,
die Sache ernster angeh'n als bisher –
woran 's noch hapert, das sind die Manieren:
ganz nett zu sein, fällt mir noch immer schwer.

Ich hab' so was Ironisches im Wesen,
es schleicht sich immer wieder bei mir ein –
und auch vom Spotte bin ich nicht genesen,
und auch im Herzen war ich nie ganz rein.

Ich müsste - sozusagen - sittlich reifen,
an Pflichten wachsen, über Gräber geh'n
und diese Welt, wollt ich sie je begreifen –
auf Ämter und auf fette Pfründe steh'n.

Doch wär' ich so, könnt'st du mich wirklich lieben,
den ernsten Streber ohne Schmiss und Charm?
Und darum bin ich, wie ich bin, geblieben:
im Geiste neckisch und im Herzen warm.

Gral der Schöpfung

Wird wohl ein Genius jemals es erfassen,
was rätselhaft aus dunklen Mäulern spricht?
Das arge Los endlos gedrängter Massen,
die Finsternis - in ihrem hohen Hassen -
entgrenzt sich selber und gebiert das Licht.

Und aus dem Chaos zwischen einst und gestern
erwächst die Ordnung einer neuen Welt;
die Sphären gleiten - taktvoll wie zwei Schwestern,
bespielt von himmlischen Orchestern -
um eine Mitte die den Zügel hält.

Und Galaxien balancieren, schweben
wie Morgentau auf weitem Spinnennetz.
Ein schleierhaftes Sinken und ein Heben –
und ihr fast launenhaftes Sternenleben
folgt einem dunklen, ewigen Gesetz.

Was ist hier Zufall, was Bestimmung,
gehört das Chaos stets zum guten Ton –
ist es latente kosmische Verstimmung...?
Die Raumzeit hinkt bei der geringsten Krümmung,
gebeugt von Zwängen der Gravitation.

Der Mensch - weitab von jener Hexenküche -
der Neuling einer späten Rezeptur,
der Geistesblitz verweg'ner Weltenbrüche:
Kommt er der Schöpfung jemals auf die Schliche,
lenkt ihn die Raumzeit ab von jener Spur...?

Schwarzes Loch verschlingt einen Neutronenstern
Von Dana Berry/NASA / Gemeinfrei

(In der Umgebung eines Schwarzen Loches ist die Gravitation so
stark, dass die Krümmung der Raumzeit unendlich ist, also eine
Barriere die nicht überschritten werden kann).

Die Umstände

Es war'n des Sommers letzte schöne Tage,
als sich mein Blick in blondem Haar verfing –
und jene leise, fast gehauchte Klage
wie Seide weich an deinen Lippen hing.

War'n es die Zwänge alter Konventionen,
das strenge Maß, das rüde Gängelband?
Du bliebst befangen - in beengten Zonen -
und hast mir deine Ängste nie genannt.

Gefühle: ungeschriebene Gesetze,
nach ihrem Wesen unheilvoll und blind,
sie flogen - wie zerriss'ne Spinnennetze -
durchs Abendrot im späten Sommerwind.

Noch raunt es leis: „weck Träume nicht die schlafen,
die Umstände, ich bin noch nicht bereit,
noch bindet mich die Pflicht am tristen Hafen" –
wie Schicksal aus der Tiefe jener Zeit.

Mein Nachen löste sich, ward abgetrieben
von jenem Ufer das uns Heimat war.
Die schemenhaften Träume sind geblieben
wie Schiffe, die den alten Hafen lieben –
als sich mein Blick verfing in blondem Haar…

Kapriolen der Liebe

Die Liebe, sagtest du, sei ein Naturereignis,
dass alle Regeln, alle Dämme bricht!
Bei so viel Pathos bleibt 's wohl nur ein Gleichnis –
aber geschenkt, du glaubst es mir ja nicht.

Du schwelgtest noch im Leichtsinn der Gefühle
und irrtest durch die Welt wie ein Komet.
Deine Affären waren dreiste Würfelspiele
und jede Einsicht kam bei dir zu spät.

Ich sagte noch: „Gib acht bei solchen Sachen!"
Du hast mein Rat, mein Einwand ignoriert –
und wollt'st dein Ding nach deinem Gusto machen
und nun ist halt, was kommen musst', passiert.

Das grade dir so was geschehen musste –
und dieser Kerl, von Liebe schwärmte er…
Warum ich dies im Vorhinein schon wusste?
Du rätselts noch - es war nicht allzu schwer.

Ganz heimlich hast du dich davongestohlen –
ich grolle nicht, ich schaff es auch allein.
Ich gönne dir die kleinen Kapriolen
und hoffe nur, du wirst nicht einsam sein.

Der Spatz

Der Spatz tut so, als ob er singen könnte,
tschiwib, tschiwip – das klingt so atonal.
Der Kerl ist bar bescheidenster Talente
und findet sein Geschrei wohl ganz normal.

Ich schimpfe laut und sitz auf der Terrasse
und meine Frau hält sich die Ohren zu.
„Potztausend! wie ich das Gezänk wohl hasse",
legt sie nun los und gibt auch keine Ruh.

Und so wird aus dem schönsten Mittagsfrieden,
nur weil der Spatz nicht singen kann,
ein Zwist der allzeit Bindungsmüden
und es entzweit sich Frau und Mann.

Von Thomas Baines - 2161
Edinburgh Research
Archive, Gemeinfrei

Der arme Schlucker

Mal schluckt man's roh, mal schluckt man's gar,
das Schlucken ist Routine –
ob an der Schickimicki-Bar,
ob in der Werkskantine.

Doch nimmst du mal 'ne Pille ein -
es ist grad' zum Verrecken -
und ist die Pille noch so klein,
bleibt sie im Halse stecken.

Deshalb: ans Schlucken denkt man nicht,
Gedanke hemmt Reflex –
und wer die alte Regel bricht,
der hat ein Schluckkomplex.

*

Der Feinschmecker

Wir wollen nicht vergessen,
so soll es Sitte sein:
Zu einem guten Essen
gehört ein guter Wein.

In Maßen stets genossen,
wirkt er wie Medizin –
gesoffen wie aus Gossen,
ist der Genuss dahin.

Ein Schnäpschen auch in Ehren,
man macht da nichts verkehrt –
ich muss es nicht erklären,
es hat sich stets bewährt.

Danach ein Gläschen Wasser -
macht frei und ist gesund -
und selbst beim schlimmsten Prasser
läuft alles wieder rund.

*

Was ungesagt

Zur späten Stunde ward die Stimme heiser,
die unentwegt nach deinem Namen rief –
die Schritte wurden zaghaft, wurden leiser;
in bangen Händen hielt ich deinen Brief.

Ich brach ihn auf, Enigma deiner Seele –
die jedem Blick stets ein Geheimnis war,
wie jene Inschrift einer Runen-Stele
die Glück verhieß, im Auge der Gefahr.

Und ich versucht' beharrlich zu begreifen,
was ungesagt noch zwischen Zeilen steht.
Wer will denn schon am Leben endlos reifen –
wer lange reift der kommt bestimmt zu spät.

Doch letztlich war'n wir alle bisschen weiser;
der Schritt gezähmt, der nah dem Abgrund lief –
und auch die Stimme wurde immer leiser,
die unentwegt nach deinem Namen rief...

*

Am Saum der Zeit

Die Haare flatterhaft, ein wildes Wehen,
in deinen Augen jener fremde Glanz;
als wär' es gestern noch um uns geschehen
so nahtlos fügten sich, beim Wiedersehen,
die Bruchstücke der frühen Resonanz.

Will erste Liebe, rauschhaft, niemals enden?
Die Sehnsüchte gediegen, steppenweit –
mag uns die List des Lebens auch mal blenden,
so greifen wir doch gern, mit scheuen Händen,
nach Träumen irgendwo am Saum der Zeit.

Dein Lachen, noch gewitzt und unbefangen
und die Vertrautheit, sie war wieder da.
Es ist kein Leiden nicht und kein Verlangen –
doch hinter jenen Bildern, die vergangen,
lebt noch der Zauber, der uns einst geschah.

*

Der dunkle Drang

Mit festem Schritt und übervollem Herzen
maßt du die Welt und dachtest hart und groß.
Doch letztlich haben dir verbrämte Schmerzen,
die stillen Wunden, abgebrannten Kerzen,
den Blick geweitet für des Nächsten Los.

Was wolltest du nicht alles aus den Angeln heben;
ein unruhig' Geist, der stets gehofft, geharrt.
Erbauen wolltest du ein neues Theben
und dennoch hat dich das verdammte Leben
gebeugt, bezwungen und genarrt.

Im ersten Augenblicke stets verschwendet
was dir gegeben, was du dreist dir nahmst –
vom frühen Überschwange oft geblendet,
und wieder hat es zwingend dort geendet
wo du nach kargen Resten, Scherben kramst.

Als würde dir die Heimat stets zum Fluche,
so standst du oft an Straßen unbenannt.
Ein Ziel erschloss sich dir aus keinem Buche –
als wärst du ratlos, rastlos auf der Suche
nach einem fremden, nie geschauten Land.

Der Mai *(2022)*

Er kam - verschämt - in leichtem Flatterkleide
und wusste nicht so recht wie ihm geschah;
die Luft war lau, geschmeidig wie aus Seide –
ich raunte nur: „Na endlich bist du da!"

Es blüht die Kirsche und es blüht die Rebe,
der Apfelbaum zeigt sich im rosa Kleid;
aus allen Büschen singts und klingts als gäbe
es nur noch Übermut und Sinnlichkeit.

Der Maienregen wird die Saaten wecken,
manch Vogel legt schon mal sein zweites Ei,
das Bienchen surrt, bald gibt's ein Honigschlecken,
und neue Hoffnung gibt's auch für uns zwei.

Du kennst das Spiel vom Werden und Vergehen,
doch noch ist Zuversicht und Blütentraum;
wir schlendern unbekümmert durch Alleen,
wir ahnen es und merken es doch kaum.

Doch irgendwann geht jeder Mai zu Ende
und auch die Blütenträume sind dahin;
es reift die Frucht, es falten sich die Hände,
der Abschied naht: So lass uns weiter zieh'n!

Sapere aude (Wage es, weise zu sein)

Er konnte – sozusagen – sorglos leben,
dank Erbmasse aus einem reichen Land –
war stets umhegt, ihm wurde stets gegeben:
da ward er fett und faul und arrogant.

Im Überfluss war stets das gute Essen;
er glaubte gar, dies alles muss so sein.
Im Geiste schlicht, im Duktus stets vermessen,
hat er im Umgang jedes Maß vergessen –
der kleine Geck, doch alles war nur Schein.

Das Denken überließ man der Verwaltung,
man selber wusste sowieso Bescheid,
denn wichtig war ja nur ein bisschen Haltung –
der Obrigkeit zu Diensten stets bereit.

Doch irgendwann zerplatzten Illusionen,
und er musst' selber mal malochen geh'n;
mal dort - wo die Proleten hausen - wohnen
und auch mal um Geringes, Karges lohnen –
und nun konnt' er die Welt nicht mehr versteh'n.

Deshalb: versuche, wage selbst zu denken
und nimm nicht alles als gegeben hin.
Lass dich nicht auf den Tellerrand beschränken –
weite den Blick und schärfe deinen Sinn!

(Juli 2021)

Maskerade *(Hassliebe)*

Wir sprachen Worte oft, die nichts bedeuten
und dennoch waren sie so sehnsuchtsschwer
wie dumpfes ahnen, ja wie fernes Läuten:
ein Sagen ohne Inhalt, hohl und leer.

Oft setzten die Gefühle falsche Weichen;
es war 'ne Fahrt ins graue Niemandsland –
apokalyptisch, ringen unter Gleichen,
den andern stets geschmäht, doch nie verkannt.

Wir hatten unsren Stolz, doch keine Ziele,
wir hatten unsre Segel, doch kein Boot –
letztendlich waren es nur Schattenspiele,
die keinen Sieger kannten und kein'n Tod.

Und dennoch, hinterm Schleier der Fassade,
war uns Gewogenheit doch längst vertraut –
wir wussten von der scheuen Maskerade
und haben beide stoisch zugeschaut…

*

Ein Herbst zu viel

So war der Herbst, ein Garten voller Früchte,
die Traube schwoll am alten Rebenhang
und sog - aus dem verheißungsvollen Lichte -
des dunklen Weines rauschender Gesang.

Noch trägt die Flur des Jahres Last und Mühe,
wo es die Frucht zur letzten Reife drängt –
damit im späten Sonnenblick noch glühe,
was übervoll an schweren Zweigen hängt.

Und nachher stoben Winde durchs Geäste,
doch stete Zuversicht lag noch im Blick.
Man feierte des Lebens späte Feste;
das Jahr verflog, der Herbst kam stets zurück.

Er kam, wie jedes Jahr, gereift, mit gold'nen Wangen;
es war, wie jedes Jahr, das gleiche Spiel –
oft war noch Hoffnung, selbst im trübsten Bangen,
doch irgendwann war es ein Herbst zu viel...

*

Am Tempel

Da stand er nun: versteinertes Jahrtausend,
nach Winkelmaß dem Himmel zugewandt.
Ein Tempelwächter, vor den Stufen hausend,
auch er - versteinertes Jahrtausend -
hob wie zur Warnung seine grobe Hand.

Als lösten Worte sich von seinem Munde –
der Abendwind, er irrte durch mein Haar,
in dieser dunklen, weit entrückten Stunde…
War es Verheißung, allerletzte Kunde,
war es ein Zeichen möglicher Gefahr?

Es war ein warmer Hauch, ein tiefes Raunen,
ein Grummeln, heiser wie von Anbeginn,
mit ungezähmten urwüchsigen Launen –
und ich verfiel in rätselhaftes Staunen
und deutete die Worte ohne Sinn:

Wie Meeresschaum, verschwommene Konturen –
fast schwerelos und weit althergebracht,
als wandle man auf unsichtbaren Spuren,
zu Gottheiten vergessener Kulturen:
Ein weißes Licht in schwarzer Tropennacht.

Tempel-Pyramide des Kukulcán in Chichén Itzá auf Yucatan
(Mexico), Privatarchiv: Heiko Rauner

War es ein Missverständnis, war es Ahnung?
Da steht er nun, der steinerne Koloss
als Fingerzeig, als Demut und als Mahnung,
wo sich der Raum dem Ebenmaß erschloss.

Was hat ein Volk ermahnt zu solchen Bauten,
war es der Fron, der Glaube, rüde Macht?
Als sie die Sterne ihres Himmels schauten,
dem Wandel selbst ihr Schicksal anvertrauten:
da wurde ihre Phantasie entfacht…

Die Kunst

Wo je die Gottheit eine Seele rührte,
die schwärmerisch in Rhythmen sich erging
und jene Dränge noch im Herzen spürte,
die sie zum Raub der selt'nen Frucht verführte,
die ungepflückt am Baum des Lebens hing,

entspross die Kunst: In Rhythmen, Geist, in Formen,
im Pinselstrich, in Klang und Melodie –
denn nur in strengen, ausgereiften Normen
entfaltet sich die schönste Poesie.

Von Liebreiz sprach sie oft in alten Veden,
von Gottesfurcht in Psalm und Testament;
man schliff den Geist, die Deutung und die Reden
und hielt es fest auf Stein und Pergament.

Das schlichte Lied, die Sprache und die Sitte,
sie sind der Völker Urgrund, einend Band.
So sammelt sich ein Volk um eine Mitte
und nennst zuweilen Heimstatt - Vaterland.

Sie kann sensibel sein wie eine Rose,
mit Stacheln ist ihr Pfad oft übersät –
und traurig schön wie eine Heimatlose,
die mittellos durch fremde Straßen geht.

Gefühle, unbenannt und stets versiegelt –
was sich nur mühsam durch die Tage trägt,
wenn sich die Seele in dem Abgrund spiegelt
und uns das Schicksal Schweigen auferlegt:

Dann rührt sie oft an jene dunklen Stunden,
da Träume fallen wie ein müdes Lid –
wo du so tief und inniglich empfunden
und dennoch alles Trug war, stiebt und flieht.

Doch auch die Sehnsucht, freudiges Erwarten –
ein stilles Glück das keine Grenzen kennt,
versteckt sie oft in jenem Zaubergarten,
in den man sich von Zeit zu Zeit verrennt.

Ich sah sie schwelgen in entrückten Sphären
wo es kein Bleiberecht gibt für die Zeit –
und oft blieb sie im Schwanken, Ungefähren,
berauscht vom Glanz am Saum der Ewigkeit.

*

Zeit

Die Götter schenkten dir zum Hohne
ein flüchtig' Bild der Ewigkeit –
und in der rastlosen Schablone
bewegst du dich im Takt der Zeit.

Die Bilder flieh'n, die Uhren schlagen,
die Ewigkeit sie bleibt besteh'n –
nur du wirst nach Schimären jagen,
nach Illusionen die vergeh'n.

Nach jedem bunten Zipfel greifen,
der flatterhaft vorüberzieht –
an deinen Niederlagen reifen
eh dir der Weisheit Blume blüht.

Magst auch - mit List - die Uhr verdrehen,
dies ändert nichts am Lauf der Zeit;
du musst den Weg zu Ende gehen
mit deinen Zweifel, Seit an Seit.

Magst dir die Zeit im Bilde bergen,
der Liebe schönster Augenblick;
du stehst an aufgebahrten Särgen
und weißt, es führt kein Weg zurück…

Eine hohe Mauer aus Schweigen,
ein Boot, ein Fährmann, eine Fracht:
so schließt sich der irdische Reigen
und hämische Sterne – sie zeigen
den Weg zu dem Ufer der Nacht.

Fahrt über den Styx (in die Unterwelt), Holzstich von
Gustave Doré (1861) / Gemeinfrei.

Neue Horizonte

Warum ich meinen Horst verlasse
und mit dem Max nach Dingsda geh?
Obwohl, der hat auch wenig Klasse
und den Verstand im großen Zeh.

Wir waren ziemlich sehr verschieden
und Gründe gab es hundertfach.
Er hat mich allzu oft gemieden,
war mit der Welt und sich zufrieden:
wir hatten leider kaum noch Krach.

Und diese eintönige Öde,
die lässt mich manchmal irre sein –
ich weiß, dies klingt jetzt ziemlich blöde
und ist vielleicht sogar gemein.

Ich wollte einfach mal was wagen,
so richtig auf den Putz mal hau'n –
nicht immer Ja und Amen sagen
wie andre abgetane Frau'n.

Doch mit dem Max war 's auch 'ne Plage –
der tat zwar das was er auch soll,
doch alles andre blieb stets vage;
ihm schwant – ich nehm' ihn nicht ganz voll.

Da wollt' ich wieder Horst kontakten,
denn alte Liebe rostet nicht.
Das sagt man so –, doch Horst schuf Fakten,
indem er nun, mit der beknackten
Elisa, unsre Ehe bricht.

Nun sitz ich da zwischen zwei Welten,
der Horst geht fremd, der Max ist blöd –
ach, soviel Pech ist eher selten:
Wo bleibt der Mann der mich versteht…?

Neue Horizonte. Karikatur aus „Garcia y Justitia" / Gemeinfrei.

Kennst du das Land *(Januar 2023)*

Kennst du das Land, das stets moralbesoffen
durch diese Welt und ihren Dschungel geht –
und immer ganz geschockt und arg betroffen
und fassungslos vor nackten Fakten steht?

Man lebt im Kuckucksheim der Illusionen,
ist gut versorgt und darf auch irre sein.
So lang der Michel schafft darf man sich schonen
und bleibt im Geiste schlicht, im Herzen rein.

Die Menschheit wird im Chaos bald versinken,
und Rettung ist bisweilen nicht in Sicht.
Man wird verbrennen und danach ertrinken:
Da lohnt ein Studium sich wohl eher nicht.

Man klebt auf Straßen und an Bilderrahmen,
man schwänzt die Schule und verschmäht den Job;
es gibt die Quote für erles'ne Damen
und wer mal querdenkt, der gehört zum Mob.

Man weiß genau was andre Völker, Länder,
so alles schräg und schlecht und falsch gemacht –
und trägt am Arm „Divers" und andre Bänder
und hat sich mit der halben Welt verkracht.

Es gibt auf Lohn und Fron die höchsten Steuern,
und nur die Diäten bleiben meist verschont –
man sollt' das Wahlvolk grad mal richtig scheuern,
das dümmlich stets dem falschen Schwätzer front.

Der Bundestag platzt schier aus allen Nähten
und Schulabbrecher gibt 's darin zuhauf:
Parteisoldaten, Greten und Proleten –
die Quote gibt es gratis oben drauf.

Doch wehe 's fängt mal einer an zu denken
und stellt sich quer zu dem Establishment –
man wird ihm keinen Blumentopf mehr schenken:
Parteiräson ist höchstes Sakrament.

Und ist er gar ein Quengler und macht Possen,
ist ihm das Land gar näher als sein Hemd –
ist er „umstritten" und wird ausgeschlossen
aus dem Verein. Man geht nicht einfach fremd.

Ansonsten ist man lieb und gut zu allen –
man hat die Welt im Blick, denkt stets global,
verteilt die Gelder, lässt die Korken knallen,
und dennoch ist man nur die zweite Wahl.

Man muss nicht zwanghaft jedem Geck 'n gefallen:
Versiegt der Quell, sind wir der Welt egal!

Klippen der Liebe

Du wolltest mir die Liebe mal erklären,
das Ja und Nein, den ew'gen Widersinn,
das Rätsel der verflossenen Affären –
warum ich nun der Auserwählte bin...

Ich lese jene unzerkauten Worte
von deinen Lippen - braun und violett -
als klebten noch die Reste einer Torte
vom Kaffeehaus, am Mäulchen von Claudette.

Du hast die Torte und den Keks gegessen,
ein Himbeereis mit großem Appetit –
pflegst die Allüren früherer Mätressen:
Die Schlemmerei, die mach ich so nicht mit!

Dies schröpft mein Beutel und geht auf die Rippen
und ist, laut Hausarzt, ziemlich ungesund.
Erklär mir nicht der Liebe schroffe Klippen:
Das Rätsel hat wohl einen tief'ren Grund.

Ich hab' mich für 'ne Andere entschieden,
die hat 's nicht so mit Zoff und Theorie:
Ein Mann braucht seinen Job, den inn'ren Frieden,
und hält nicht viel von Frust und Nostalgie.

Altstadtfest

Sie war mal wieder frei und ungebunden
und trieb sich rum am alten Altstadtfest.
Auch Fritze machte die gewohnten Runden
und hielt sich - dann und wann - am Humpen fest.

Sie zündete ganz lässig 'ne Zigarre.
Der Fritze schlürfte Bier am selben Stand
und dachte noch: der fahr ich an die Karre.
Sie war geneigt und er war sehr charmant.

Die Worte flogen hin und her, die Blicke –
sie waren tief und feucht und sehnsuchtsschwer,
da war kein Schwanken nicht, auch keine Tücke:
Der Stängel war verglimmt, der Humpen leer.

Sie zündete noch einmal 'ne Zigarre.
Der Fritze nahm ein Bier am selben Stand
und dachte noch an die verdammte Karre –
und drückte sie ganz lässig an die Wand.

Ein Jahr verflog, was soll man dazu sagen;
der Fritze nahm ein Bier am alten Stand –
er hatte keine Zweifel, keine Fragen
und drückte nur noch lässig ihre Hand.

Der Leichtmatrose

Auf lauen Lüften schwankten die Gefühle.
War 's Liebe gar, war 's Torheit im Affekt
als du, beim falschen Würfelspiele,
in mir den passenden Galan entdeckt?

Es war ein Traum an einem fremden Strande,
an einem sanften türkisblauen Meer –
und Amor knüpfte seine losen Bande,
an einen Nachen ohne Wiederkehr.

Du sangst ein Lied aus abgelebten Zeiten.
Ich hört' es mal bei einem Vogelzug
aus jenen kühlen, nördlicheren Breiten –
als es die Sehnsucht in die Ferne trug.

Ein tristes Lied, das oft die Fischer sangen,
vor ihrem Beutezug aufs off'ne Meer;
Korsaren einst, in ahnungsvollem Bangen,
von Tanger, Algier und von Tunis her.

Du schwärmtest noch von einer großen Liebe
und von Gefühlen heiß wie Sommerbrand.
Auch Glück vergeht: im großen Weltgetriebe
sind wir doch nur das kleine Körnchen Sand.

War 's Zeitvertreib, war 's Liebe, war 's Versuchung?
Wer weiß das schon, und grübeln macht nicht schlau;
vielleicht war es auch nur die falsche Buchung
ins Nirgendwo, ins uferlose Blau.

Ich ging an Bord. Du warst nur 'ne Affäre,
ein Inseltraum auf einem schwanken Floß –
das Laster und die Trägheit warmer Meere,
die große Illusion, das falsche Los...

Von Thomas Baines - 2161 Edinburgh Research Archive,
Gemeinfrei

*

Wohlstands-Allüren

Das Leben gähnt vor Langeweile
und hat auch morgen keinen Sinn;
man bummelt durch die Einkaufsmeile –
guckt lässig zur Vitrine hin.

Man hat genug und doch nicht alles,
man möcht' sich piksen, Hilfe schrei'n –
man gönnt sich hie und da was Dralles
und bleibt im Herzen doch allein.

Man hat so seine Lebenskrisen,
man sink in sich, entdeckt sich neu –
flieht gar aufs Land, will still genießen
und bleibt nur noch sich selber treu.

Frau Rosa will nun Hühner züchten,
ein Schaf, ein Schwein ist auch dabei;
die Presse spricht noch von Gerüchten
und von dem ungelegten Ei.

Doch Rosa hat sich neu erfunden,
wirkt spaßig, locker und leger;
seit sie die Trennung überwunden
gibt 's Männer hier wie Sand am Meer.

Ein Schlagerstar ist frisch geschieden
und hat die Nächste schon im Blick –
doch ist man plötzlich sehr verschieden,
geht man, wenn 's klappt, zur Ex zurück.

Dies ist ein Fressen für die Presse,
und ist auch gut fürs Renommee –
es stimuliert das Interesse
und der Gewinn ist auch ok.

Er, gut betucht, wollt' Winzer werden,
wo man den edlen Tropfen preist,
in Gottes Weinberg hier auf Erden:
Doch als er kam, war Gott verreist.

Ein allgemeines Unbehagen,
erfasst zurzeit die Oberschicht –
man hat die ungeklärten Fragen
und kennt partout die Antwort nicht.

Man ist so ziemlich unzufrieden
mit sich, der Welt und allgemein;
man ist entwurzelt, ist geschieden
und wie gesagt: ein armes Schwein.

(März 2023)

Wenn die Hormone

Wenn die Hormone Würfel spielen,
bleibt der Verstand im Unterhaus;
man irrt sich oft in seinen Zielen
und meint, man hat es dennoch raus.

Die Mutter hatte gleich Bedenken
und sagte: „Bitte nimm ihn nicht! –
er wird dich immerzu nur kränken,
bis dir am End' das Herz noch bricht."

Sie ließ sich lange nicht belehren
und pochte auf ihr eignes Recht.
„Er ist ein Mann in Amt und Ehren
und hat das richtige Geschlecht."

Es wurden turbulente Zeiten –
mal lief es gut, mal lief es schlecht;
er wechselte gar oft die Seiten
und sie - die Mutter - hatte Recht.

Da stellte sie den Kerl zur Rede –
doch der, der war sogleich empört
und sagte nur, ob dieser Fehde:
„Auf Mutter hast ja nicht gehört!"

Wehwehchen *(2024)*

Mal fühlt' ich einen Schmerz am linken Daumen,
am Wadenbein, am Fuß, am rechten Zeh –
mal Schluckbeschwerden zwischen Hals und Gaumen,
und auch der Kopf blieb nicht verschont, tat weh.

Doch auch der Blinddarm wollte nicht mehr bleiben
und windete im Bauch sich voller Schmerz.
Das Elend kam - so nach und nach - in Scheiben,
und mancher Kummer würgte mir das Herz.

Doch alles war noch irgendwie im Rahmen,
vielleicht, dacht' ich, wird manches wieder gut –
doch wie zum Hohn bemerkten es die Damen
und zweifelten – zu Recht - an meinem Übermut.

Nach Jahren hatt' ich mal 'ne feuchte Phase:
Es war sehr peinlich, auch beim Gassi geh'n,
denn so ein Leiden - an der eignen Blase -
kann selbst ein Urologe kaum versteh'n.

Und als ich dann, vor Überdruss, mir dachte:
bei dir ist, wie es scheint, nichts mehr im Lot –
und als ich eines Morgens spät erwachte,
war ich, zu meinem Schrecken, mausetot.

Innere Werte

Schönheit, so sagt man oft, ist doch nicht alles,
die inn'ren Werte sind wohl auch gefragt.
So kam es dann: im Trubel eines Balles
hielt er in Händen plötzlich etwas Dralles –
da blieb der Blick nach innen ihm versagt.

Er hatte leider keine Röntgenaugen,
die dicken Polster konnt' kein Mensch durchschau'n.
Wozu so Bälle auch letztendlich taugen –
er machte sich zum Hampel und zum Clown.

Doch wie das Leben spielt, fand sie Gefallen
an seiner Art, an seinem Schritt und Tritt –
er schwor 's bei Gott in hohen heil'gen Hallen,
er wollte nicht - so ungeniert vor allen -
und dennoch ging er widerwillig mit.

Was hat sie mit mir vor, dacht' er ganz schüchtern,
so mutterseel'nallein im fremden Haus…?
Er war betankt und sie noch nicht ganz nüchtern:
im Schlafzimmer ging nun das Lichtlein aus.

Er träumte von 'nem Wal, dem dicken Fische –
er wusst' nicht mehr was war und was geschah…
Er kam, sie saß im Morgenrock bei Tische
und sagte nur: „Ach, du bist auch noch da!"

Am Wegesrand

Er hatte nur den Blick fürs Weite,
die fernen Ufer stets im Sinn
und jene rastlos stolze Seite
von Meisterschaft und Zugewinn.

Er hastete nach fremden Zielen
gar zügellos durchs weite Land.
Du nahmst den Zufall zum Gespielen,
verweiltest oft am Wegesrand.

Und wolltest all die kleinen Wunder
mit großen Kinderaugen seh'n –
weitab von Überfluss und Plunder:
du wolltest staunen und versteh'n.

Der Wiesen Saum, des Baches Rauschen,
die Blumen die am Wegrand steh'n –
in jene selt'ne Stille lauschen
worin die Stunden kaum vergeh'n…

Und führtest leise Dialoge
mit Gott, der Welt und mit der Zeit –
und auch manch stumme Monologe
in deiner tiefen Einsamkeit.

Neue Nachbarn

Ja, der Letzte war verzogen
und ein andrer zog nun ein –
seine Frau hat ihn betrogen,
deshalb lebt er nun allein.

Ums Alleinsein zu ertragen,
nahm er sich 'nen hübschen Hund –
und was soll man dazu sagen:
'S gab zur Reue keinen Grund.

Und so gingen sie Spazieren
im Revier, so hin und her –
doch der Hund, mit den Manieren,
tat er sich noch bisschen schwer.

Hie und da ließ er was fallen
und so mancher tappte rein –
und man fragte sich vor allen:
Wer zum Teufel mag das sein?

Und gar oft, an Hausmanns Garten,
blieb er voller Neugier steh'n –
und sein Herrchen musste warten,
denn der Grenzstein war so schön.

Herrchen zerrte an der Leine –
doch ein Hund ist oft gemein,
denn genau an diesem Steine
hob er stets sein linkes Bein.

Und so war der liebe Frieden
bald passé, es wurde schrill:
denn die Menschen sind verschieden
und ein Hund macht was er will.

Nachbars Hund, Foto: Gerlinde Rauner (Privatarchiv)

Das Kaff

Lena wollte Reißaus nehmen.
Mit dem Koffer in der Hand,
trottet sie allein zum Bahnhof,
denn sie war noch unbemannt.

Ja, auch sie hatte Gefühle,
doch das Kaff war ihr zu eng –
und zur Auswahl gabs nicht viele;
auch Mama war allzu streng.

Und der Tratsch von all den Leuten,
wenn man mal nicht auf der Hut,
die so gern Gerüchte streuten:
da verließ sie oft der Mut.

In der Stadt nun, an der Elbe,
traf sie einen jungen Mann –
und sie dachten an dasselbe,
ehe noch der Flirt begann.

Und so fanden sie zusammen,
ohne langes Hin und Her –
und ihr Herz stand gleich in Flammen,
und er dachte schon an mehr...

Als sie dann das Kaff besuchten,
später mal, im jungen Glück,
und das schönste Zimmer buchten,
an dem Eck „Zum bösen Blick",

War Mama ganz von den Socken,
und die Gaffer voller Neid –
und es blieb kein Auge trocken.
Ja, so ändert sich die Zeit…

Guttenbrunn 2016 - Blick auf Schule und Kirche

Das Kaff, Foto: Eberhard Ferch (Privatarchiv)

*

Die Seniorita

Sie war die schöne Seniorita
und kam aus einem fremden Land,
mit einer epochalen Vita
und leicht gebräunt vom Sommerbrand.

Am großen Rio de la Plata,
am Uruguay, am Paraná –
da harrte sie der fernen Fata
und war gar oft dem Zweifel nah.

Die Eltern nun, mit reicher Habe
bepackt, zogs nach Europa hin.
So war er halt, der wack're Schwabe:
voll Heimwehschmerz und Eigensinn.

Man hatte nicht das Weltgeschehen
bedacht, als man das Schiff bestieg –
und landete, schlicht aus Versehen,
sobald in einem großen Krieg.

Sie war fortan die Seniorita.
Die Dörfler blickten voller Neid
auf ihren Flair, auf ihre Vita
und auf ihr allweil schickes Kleid.

Der Lehrer, voller Hohn und Tücke -
von allem Anstand stets befreit -
bediente seine Bildungslücke
und spöttelte und grinste breit.

Sie blieb die schöne Seniorita,
mit ihrem scheu verbrämten Gram
und ihrer epochalen Vita –
bis Papa sie zur Gattin nahm.

Mutter, geb. 1930 in Buenos Aires. 1939 reiste sie mit
ihren Eltern nach Europa. Foto von 1937: Privatarchiv.

Zeitgefühl *(2025)*

Egal welche Visage
der Mensch letztendlich hat –
das Recht kennt keine Nase:
noch krumm, noch schief, noch platt.

Beim Menschen zählt nur Klasse
wie bieder, groß, und klein.
Es gibt nur noch 'ne Rasse
bei Hund und Pferd und Schwein.

So ist die Welt gerechter,
es zählt nicht was man sieht…
Je blinder desto echter,
es gibt nur noch Geschlechter
wo just der Wahnsinn blüht.

Selbst die kann man nun ändern,
nach Laune und Gefühl –
das Leben ist zum Gendern
und nebenbei ein Spiel.

Und selbst die freie Meinung
bleibt artig in der Spur –
denn eine eigne Meinung,
ist gegen die Natur.

Ja, wir sind alle Schwestern
und Brüder nur zum Schein –
doch wär' ich nicht von gestern
würd' ich jetzt gerne lästern:

Und wär' mit allen Schwestern,
am liebsten gern allein...

*

Das erweiterte Bewusstsein

Wie war es doch unendlich jenes Schauen,
als sich der Geist dem Irdischen entrang:
Von Sinnen nicht begrenzt, den ach so schlauen –
und das Bewusstsein, voller Selbstvertrauen,
in göttliche Gefilde drang.

Mal hier mal dort - wie Quanten in der Röhre -
allgegenwärtig, dennoch fern und nah –
kein fester Ort in Raum und Zeit, als störe
die Ordnung gar die Harmonie der Chöre...
Oh Wunder, die noch nie ein Auge sah!

Es war die Hand die in das Füllhorn fasste,
das erste Samenkorn von Anbeginn.
Das Rätselhafte war gar oft zu Gaste
welches die Dinge liebevoll umfasste –
und alles hatte Weite, hatte Sinn.

Und eingegrenzt von Regeln lag das Leben
am tristen Ufer wo die Sonne sank.
Das Meer hat mal genommen mal gegeben,
ein kleines Glück, ein kleines Seelenbeben –
und in der Kneipe saß ein Herr der sich betrank...

Gedichtinterpretation: „Das erweiterte Bewusstsein"

Das Gedicht beginnt mit der Beschreibung eines unendlichen Schauens, das den Geist von den irdischen Begrenzungen befreit. Der Geist wird als ungebunden und selbstbewusst dargestellt, der in „göttliche Gefilde" dringt. Dies deutet auf eine spirituelle Erfahrung hin, in der das Bewusstsein über die physischen Sinne hinausgeht (z.B. Nahtoderfahrung).

Im zweiten Teil wird das Bild der Quantenphysik verwendet, um die Unbeständigkeit und die Allgegenwart des Bewusstseins zu verdeutlichen. Die Metapher der „Quanten in der Röhre" suggeriert, dass das Bewusstsein gleichzeitig an verschiedenen Orten existieren kann, was die Grenzen von Raum und Zeit in Frage stellt.

Eine „Ordnung" nach irdischen Maßstäben, würde das Wesen eines unfassbaren und dennoch allgegenwärtigen Bewusstseins nur stören.

Die Hand die in das Füllhorn fasste und das erste Samenkorn hervorholt, rührt an den Urgrund der Schöpfung.

Der letzte Abschnitt des Gedichts beschreibt das Leben als von Regeln eingegrenzt und an einem "tristen Ufer" verankert.

Das Bild eines betrunkenen Mannes in einer Kneipe, kontrastiert die vorherige spirituelle Erhabenheit mit der Banalität des Alltags.

Oder ist das erweiterte Bewusstsein nur die Folge eines Deliriums des Mannes in der Kneipe, der sich betrank?

Am Silberrand des Himmels *(2022)*

Die Bilder drängten, strömten auf mich ein.
Das Auge sah und der Gedanke formte –
und das Geschaute war nun einzig mein,
da es kein Zweites gibt - im flücht'gen Sein -
dass diesen Augenblick genauso normte.

Erfahrung, Wissen ordnet das Geschehen,
es fängt den Sinnesrausch des Auges ein
und selbst wenn wir dieselben Bilder sehen,
so gibt es doch ein anderes Verstehen:
wird unsre Wahrnehmung verschieden sein.

Du bist der Schöpfer deiner eig'nen Welt,
ein Abbild deiner Sinne und Gedanken –
und wenn das Lot in deinen Abgrund fällt,
erahnt es nicht wie tief die Träume sanken.

Oft nur Verständnis, selten nur Verstehen –
war es ein Irrtum, war es ein Gewinn?
Nun lass die Welt um dich herum geschehen,
zergrüble nicht was deine Augen sehen
und suche nicht in allem einen Sinn…

Gedichtinterpretation: „Am Silberrand des Himmels"

Das Gedicht thematisiert die einzigartige Perspektive des Individuums auf die Welt und ihre Phänomene. Es gelingt ihm, die subjektive Erfahrung der Realität aufzuzeigen, indem es die individuelle Wahrnehmung und Interpretation von Ereignissen in den Vordergrund stellt.
Die Verse betonen, wie persönliche Erfahrungen, Wissen und Gedanken die Art und Weise formen, wie wir die Welt um uns herum verstehen und interpretieren.

Die Zeilen *„Du bist der Schöpfer deiner eig'nen Welt, ein Abbild deiner Sinne und Gedanken"* ‚heben hervor, dass unsere Wahrnehmung der Realität tief in unserem Inneren verwurzelt ist und dass jeder Mensch eine eigene, unverwechselbare Sicht auf die Welt hat.

Das Gedicht schließt mit einer Aufforderung, die Welt um uns herum geschehen zu lassen, ohne alles zu hinterfragen oder in allem einen Sinn zu suchen.

Also die Schönheit und Komplexität des Lebens zu akzeptieren, ohne alles zu zergrübeln oder gar zu verstehen.
Denn oft herrsch ja nur Verständnis, selten nur Verstehen...

Mysterium *(2020)*

Du bist das Schweigen jener Intervalle,
wo sich der Genius sammelt und besinnt;
die spröde Schönheit kubischer Kristalle
worin das Licht im Ebenmaß zerrinnt.

Du bist das Urmeer meiner Einsamkeiten,
der Hauch, der meine weißen Segel bläht –
das vage Bild im Schleier der Gezeiten,
das am Gestade meiner Sehnsucht steht.

Bist die Schimäre, die mir stets entflogen
bis hin zu Tempel die in Wüsten steh'n –
mit schlanken Säulen und lädierten Bogen
und Mythen - die um alte Gräber geh'n.

Und als ich liebte, wie die Buben lieben,
mal tändelhaft, mal flott, mal abgrundtief,
begann ein Inneres zu wägen und zu sieben:
Gab es ein Maß, das mich zur Ordnung rief.

Und als ich meinen ersten Nachen baute,
war ich ein Stümper noch kein Meister nicht –
und als ich deine trüben Himmel schaute,
da spuckte mir der Regen ins Gesicht.

Und dennoch fühl ich deine ernste Nähe,
wie mich dein Odem wohlwollend umfängt,
wie mich dein Wink - den ich noch nicht verstehe -
im schwanken Boot zum sicher'n Hafen lenkt.

Gedichtinterpretation: „Mysterium"

Das Gedicht *"Mysterium"* ist ein nachdenkliches Werk, das sich mit der inneren Suche nach Erkenntnis und Orientierung auseinandersetzt.
Die symbolhafte Sprache und die vielfältigen Metaphern verdeutlichen die Komplexität und die Vielschichtigkeit dieser Suche.
Als *„das Schweigen jener Intervalle"* wird eine Phase der Sammlung und Besinnung beschrieben, bevor dem Genius ein geistiger Durchbruch gelingt, also der Geistesblitz entspringt.
Im *„Urmeer der Einsamkeiten"* oder in *„Tempel die in Wüsten stehn"* begibt sich das lyrische „Ich" auf die Suche nach letzten Gewissheiten, Idealen, Sehnsüchten und Träumen.
Das *„innere Wägen und Sieben"* weist auf die Fähigkeit zur Reflexion und Selbstprüfung hin und lässt eine moralische Richtschnur erkennen.

Letztendlich beschreibt das Gedicht den inneren Kompass des waghalsigen, strebsamen Menschen „in seinem dunklen Drange", der es - trotz widriger Umstände – vermag, durch eine innere intuitive Führung, an der richtigen Wegkreuzung abzubiegen.

Darauf deutet auch der *„Wink"* hin, der zwar noch nicht verstanden wird, aber dennoch den Weg zum sicheren Hafen weist.

Gesinnungsethik *(Dez. 2023)*

Die Welt ist wieder mal verloren,
weil uns die nöt'ge Einsicht fehlt –
und fliegt uns demnächst um die Ohren,
falls man die falsche Truppe wählt.

So tönt es auf und ab im Lande,
es wird geschummelt, wird gedroht;
man gönnt dem Opponent, am Rande,
noch nicht einmal sein täglich Brot.

Es muss jetzt alles anders werden –
man hat ja schließlich investiert
in Winde und in selt'ne Erden
und reichlich Zuschüsse kassiert.

Die Sekte hat ihr Ziel gesichtet
und auch die Presse stimmt mit ein.
Man ist ja seinem Blatt verpflichtet –
bis sich der Nebelschleier lichtet
darf man getrost beliebig sein.

So mancher kriecht, trotz brauner Ohren,
zum X-ten Mal ganz hinten rein;
hat man die Würde erst verloren,
trägt man ganz gern den Heil'genschein.

So schreitet man auf schmalen Pfaden
und keiner weicht vom Wege ab –
man denunziert den Kammeraden
wankt er im Schritt und macht mal schlapp.

Man kriegt die Richtung vorgegeben
und die Gesinnung auch gleich mit –
man weiß jetzt um den Sinn im Leben
und eilt voraus mit festem Schritt.

Verläuft sich mal der Schritt im Sande,
weil gar nicht sein kann was nicht ist,
schilt man den Opponent'n im Lande
und unterstellt ihm Trug und List.

Die Dummheit treibt gar selt'ne Blüten,
wenn Glaube zur Gewissheit wird –
und so entstehen neue Mythen:
der eine hofft, der andre irrt.

Man hat ja seinen festen Glauben
bei so viel Sinn und Widersinn –
es gibt die Falken und die Tauben:

Ich zweifelte von Anbeginn
und musst nicht schmoren, nicht verstauben,
weil ich nicht mitgelaufen bin.

Der Opponent *(2022)*

Man lebt in höchst riskanten Zeiten.
Entschlüpft dem Opponent ein Furz,
beschnüffelt ihn von allen Seiten,
der Hugo (Spitzel) vom Verfassungsschutz.

Das Fechten mit des Geistes Klinge,
hat weder Geist noch hat's Niveau.
„Wes Brot ich ess', des Lied ich singe",
dies war mal Fakt und bleibt auch so.

Man schützt behände seine Pfründe,
man kratzt und beißt und nennt 's Moral.
Man hält sein Fähnchen nach dem Winde
und das plebejische Gesinde
glaubt allen Ernstes 's hätt' die Wahl.

Man greift zu höchst abstrusen Lügen
und stellt die Dinge auf den Kopf.
So wird man nie dem Recht genügen –
der Bürger wittert die Intrigen
und kappt am End' den falschen Zopf.

Betreutes Denken *(2025)*

Was denkt der Mensch, wenn er mit sich im Reinen,
mit beiden Beinen fest im Leben steht –
und einer kommt, der sagt, was er zu meinen,
und wo die Sonne auf- und untergeht;

Wenn einer spricht gradaus und unbefangen –
ein andrer kommt, der Worte Sinn verdreht,
den Kadi gar bemüht, ihn zu belangen,
weil er Gesagtes gerne missversteht…?

Was hat er wohl gemeint als er dies sagte?
Ein Soziologe wird hier oft bemüht –
damit der Michel, den der Zweifel plagte,
und der die Sache ernsthaft hinterfragte –
die Fakten nun mit ander'n Augen sieht.

Was tut man denn nicht alles um zu lenken:
den Sinn der Rede und den Zweck der Tat.
An satten Pfründen gibt 's nichts zu verschenken –
es sei denn einen gutgemeinten Rat.

Und wenn im Volke langsam Zweifel reifen,
der Opponent im Eifer sich erfrecht –
so gibt es Gründe, gründlich durchzugreifen:
Dann beugt man halt das „alte, gute Recht".

Manches Jahr *(2025)*

So manches Jahr kam leise, fast verstohlen,
und mühte sich am Alltag und am Sein –
und als es ging, auf abgelauf'nen Sohlen,
da war die Scheune voll, die Stube rein.

Manch andres kam gar schwungvoll um die Hütte,
sein Atem war der Sturm, Blei sein Gewand.
Man wusste nicht so recht woran es litte –
wo war der Rand und wo die gold'ne Mitte?
Oft trug es Würgemale am Verstand.

Ein andres kam als wär' es schon gewesen,
ein Windei nur, verdattert und verflucht;
man konnte es vom Ende her schon lesen
und was wir fanden hab'n wir nie gesucht.

So sah ich manches Jahr vorüber gleiten,
am Horizont der Sehnsucht knapp vorbei.
Was sind schon Ziele, Himmel, Engen, Weiten,
was sind schon Fragen über Sinn und Zeiten –
war es die Henne oder war 's das Ei…?

*

Letzter Herbst *(2024)*

Ja, ja der Herbst, er kam schon im September,
behäbig erst, als wär' er noch nicht fit –
so richtig Fahrt auf nahm er im November
und nahm das bunte Laub der Bäume mit.

Auch mich hätt' er beinahe mitgenommen
auf jene Reise zum entrückten Ziel –
und wärst du damals nicht vorbeigekommen
und hätt'st mir meine Flausen fortgenommen,
ich ließe mich wohl ein auf das gewagte Spiel.

Du warst mir Anker, Horizont und Segel,
die stete Unrast legte sich zur Ruh –
mal stiegen sie, mal fielen sie, die Pegel;
nun gleiten wir den Abendröten zu...

Das Werk getan, es schließen sich die Kreise,
die Sterne leuchten noch wie eh und je:
mal war'n wir stümperhaft, mal war'n wir weise,
und über allem liegt seit gestern Schnee.

Es ist kein Leiden nicht und keine Maskerade,
die letzte Fügung und das letzte Weh –
an fernen Himmel dämmert das Gestade
und eine leise Stimme mahnet: Geh!

Am Wegkreuz *(2025)*

Wie jenes Licht, wenn Sterne längst verblichen,
uns dennoch rührt mit seinem hellen Schein –
so kam die Sehnsucht oft herangeschlichen
und brannte sich in unsre Seelen ein.

Sie kam so mächtig, blendete die Herzen,
schwand - wie die Ebbe einer großen Flut;
und was uns blieb sind abgebrannte Kerzen,
die Asche einer längst erlosch'nen Glut.

Wir suchten in uns selbst immer den Andern,
so ungestüm, beharrlich, ohne Rast –
wir wollten bis zum letzten Herzschlag wandern
und hatten uns am Wegkreuz knapp verpasst.

Es naht der Herbst – als Einsamster von allen
stehst du nun da, im letzten Abendrot,
denn alle reifen Früchte wollen fallen –
und fügst dich einem ehernen Gebot.

*

Sandkorn im Wind *(2024)*

Noch einmal die glitzernden Meere,
die Weite, der Himmel, der Strand;
das Spiel mit dem Licht, die Schimäre –
das karge, genügsame Land.

Das Wiegen im Rhythmus der Wellen,
die flatternden Haare im Wind –
die Lieder der rauen Gesellen,
die immer noch durstig sind.

Man tastet nach sinnigen Tiefen,
am Urgrund des flüchtigen Seins –
und schielt nach den Hütten, den schiefen,
am Rande des bröckelten Steins.

Du denkst an die Woge, das Leben,
wie alles sich bäumt und zerrinnt –
ein ewiges Nehmen und Geben,
ein unstetes Sandkorn im Wind…

*

Rätselhafte Suche *(2025)*

Man suchte ihn in Psalmen und in Veden,
am Sinai, Indus und am Roten Meer –
und lauschte seinen rätselhaften Reden
um Sein und Nichtsein und um Wiederkehr.

Die Stimme sprach, das Echo ward geboren,
der hohen Worte ew'ger Widerhall –
ein Trost dem Guten und ein Fluch dem Toren,
was einmal war, es geht nicht mehr verloren:
Dem Wandel nur verpflichtet sich das All.

Ein bisschen irre und ein bisschen weise,
so ist der Mensch, wenn er nach Wunder sucht.
Er hofft und läuft doch immer nur im Kreise
auf einer Reise, die er nie gebucht.

Gen Abend stand ich mal am tristen Ufer
und spähte nach dem letzten Fischerboot –
da traf ich auf den Stadtbekannten Rufer
und teilte mit dem Schelm mein Abendbrot.

„Wen rufst du da so unentwegt und heiser?",
so fragte ich, als jenes dann geschah –
die Stimme wurde zaghaft, wurde leiser:
„Da ich ihn suchte, sprach er, war er mir ganz nah…"

Anekdoten

(Die Komik des Alltags / Die Tücken des Lebens)

von Robert Rauner

Ich müsste mich - verdammt mal - konzentrieren,
die Sache ernster angeh'n als bisher –
woran 's noch hapert, das sind die Manieren:
ganz nett zu sein, fällt mir noch immer schwer.

Ich hab' so was Ironisches im Wesen,
es schleicht sich immer wieder bei mir ein –
und auch vom Spotte bin ich nicht genesen,
und auch im Herzen war ich nie ganz rein...

Um die Ursache einer Trigeminus Neuralgie festzustellen, unterzog sich Hr. R. einem MRT-Scan am Kopf. Der Scan ergab keine auffälligen Veränderungen. Der Arzt sagte zu Herrn R.: „Mit ihrem Kopf ist alles in Ordnung!"
Darauf Herr. R.: „Erzählen Sie das mal meiner Frau!"

Als Herr R. nachhause kam, zeigte er den Befund seiner Frau und sagte: „Hier hab ich's schriftlich. In meinem Kopf ist alles ok."
Darauf seine Frau: „Du solltest Dir mal einen anderen Arzt suchen."

*

Kinderweisheiten, bei uns in der Spielstraße zufällig mitgehört:
Wahrscheinlich haben die Kinder, im Zoologie Unterricht, über Affen und Menschenaffen gesprochen. Später sagte die größere Kathi (Tatsache) zu ihrer jüngeren Spielkameradin: „Hast du gewusst, dass nicht alle Affen Menschen sind."

Ich erzählte das Bonmot meiner Frau und sie sagte prompt: „Aber umgekehrt kann man dies nicht immer ausschließen."

*

Bei einer Familienfeier war auch ein alter Kriegsveteran (2. Weltkrieg) dabei. Er nahm zufällig Platz neben Hr. R. und kam gleich auf sein Lieblingsthema zu sprechen, nämlich: warum wir diesen verdammten Krieg **verloren** haben.
Nach einer Weile hat er gemerkt, dass dieses Thema

zum Anlass der Feier nicht so recht passt und versprach, bei nächster Gelegenheit, das Thema mit Herrn R. zu vertiefen.

Darauf Hr. R.: „Dann können wir ja darüber reden, warum wir diesen verdammten Krieg nicht *gewonnen* haben."

*

In der Corona-Zeit waren alle sehr besorgt um ihre Gesundheit. Herrn R. war es sehr wichtig, dass seine Frau verschont bleibt, weil sie im Kochen versiert war und auch sonst den ganzen Haushalt geschmissen hat.

Dazu Herr R.: „Hauptsache meine Frau bleibt gsund und ich werd' net krank!"

*

Herr R. begleitet seine Frau zur Apotheke, um ein Medikament für Mutter abzuholen. Herr R., (als Begleitung) hält einen angemessenen Abstand zu seiner Frau, die soeben vom Apotheker bedient wird. Die neue Apothekenhilfe kommt hinzu – ist ein bisschen unsicher ob Herr R. nur Begleitung ist oder ein Kunde der darauf wartet, bedient zu werden. Sie fragt deshalb Herrn R. ganz schüchtern: „Seid ihr beide zusammen?"

Darauf Herr R.: „Ja, seit Kurzem." (Herr. R. und Frau R. waren an diesem Tag gerade vierzig Jahre verheiratet). Es sollte also eine ironische Anspielung auf den Hochzeitstag sein, um die Reaktion seiner Frau zu testen. Die Apothekenhilfe hat dies natürlich missverstanden und ärgerlich erwidert: „Ihre privaten Angelegenheiten interessieren mich nicht!"

*

Herr R. war bei seiner Zahnärztin zu einer Rutine Untersuchung. Dabei wurde eine Erosion am Zahnhals eines Vorderzahns festgestellt. Die Zahnärztin meinte, man könnte hier am Zahnhals eventuell eine Ummantelung machen, um so den Zahn vor weiterer Erosion zu schützen. Die unschöne Sache dabei wäre aber, dass sich die Ummantelung mit der Zeit farblich vom Zahn unterscheiden könnte. Also ein kleines Schönheitsmanko zur Folge hätte.
Darauf Hr. R.: „Ich muss ja nicht mehr schön sein, ich bin ja schon verheiratet."

*

Herr R. hat eine hübsche junge Frau geheiratet. Er selbst war da schon in einem etwas reiferen Alter, was ja auch sinnvoll ist für eine beständige und gelungene Ehe. Einer muss ja – bis so eine Ehe aus den Kinderschuhen herauswächst – schließlich sagen wo es langgeht. Auf diesen angeblichen Altersunterschied neckisch angesprochen, meinte Herr R. nur:
„Hab mir halt gedacht, holst dir eine junge, denn alt wird sie von alleine."

*

Eine Arbeitskollegin strahlte übers ganze Gesicht und konnte die Neuigkeit nicht schnell genug loswerden. Sie hatte nämlich, am Wochenende, einen Urlaub gebucht – und zwar ganz weit weg, wie sie sagte. Die Maghreb Staaten waren damals in Mode. Herr R. meinte deshalb: „Nach Afrika etwa?"
Darauf die Kollegin: „Nein, nach Tunesien."

*

Anfang 1973, als manche sozialistischen Länder (hier Rumänien) sich dem Freien-Markt ein bisschen öffneten, machte Herr R. sich Selbstständig mit einer eigenen Rundfunk- und Fernsehtechnik Firma. Die örtlichen kommunistischen Parteigranden sowie der Polizeichef nahmen die Dienstleistungen selbstverständlich gratis in Anspruch und bezahlten, bei fälligen Reparaturen, auch die ausgewechselten Bauteile nicht. Als Selbständiger hatte man so gut wie keine Möglichkeiten sich dagegen aufzulehnen, denn die Existenz des Betriebes hing von der Gunst der oberen Parteikader ab.

Eines Tages wurde Herr R. nachhause zum Polizeichef bestellt, um dessen Fernseher zu reparieren. Nachdem das schadhafte Bauteil ersetzt wurde und der Fernseher wieder funktionierte, steckte die Ehefrau des Polizeichefs, vor lauter Freude, Herrn R. einen Geldschein zu.

Der Polizeichef begleitete Herrn R. nach draußen bis auf die Straße und sah ihn provokant an.

Herr R. hat sofort erkannt was gemeint war und gab dem Polizeichef den Geldschein wieder zurück. Er nahm ihn auch ungeniert wieder an sich und steckte ihn rasch in die Tasche, damit seine Frau den Vorgang nicht mitbekommt.

So viel zu Freiheit, Gleichheit und Brüderlichkeit in einem korrupten kommunistischen Staat.

*

Herr R. hatte mal in einem sozialistischen Staatsbetrieb -Traktoren-Station - gearbeitet. Eines Tages wurde Hr. R. dem Kollegen Pavel als Gehilfe zugeteilt. Man nahm die Arbeit aber nie so ernst, nach dem Motto: Der Staat tut so als würde er uns bezahlen, und wir tun so als würden wir arbeiten. Kollege Pavel und Herr R. hatten die Mittagspause überzogen und saßen auf einem Treppenvorsprung in der Sonne. Kommt der Brigadeleiter vorbei und fragt den Kollegen Pavel provokativ: „Pavel, was machst du hier um diese Uhrzeit noch?" Darauf Pavel: „Nichts!"

Dann wendete der Chef sich an Herrn R. und fragte ebenso provokativ: „Und Du?"

Darauf Herr R.: „Ich helfe dem Kollegen Pavel!"

*

In unserer Genossenschaft wurde eine der üblichen Versammlungen abgehalten. Dabei kamen auch unschöne Vorgänge zur Sprache, nämlich: der übliche Diebstahl am Gemeineigentum. Diesmal wurde ein Fuhrmann, namens Gregor, erwischt wie er eine Fuhre Mais – anstatt bei der Genossenschaft im Maisspeicher abzuliefern - einfach bei sich zuhause abgeladen hat. Gregor war Mitglied der kommunistischen Partei und hatte somit sogar Vorbildfunktion. Gregor, ein schlichtes Gemüt, konnte nicht verstehen, warum man ihn wegen einer solchen Lappalie des Diebstahls bezichtigte. Er stand auf und rechtfertigte sich mit dem entwaffneten Hinweis: **Alle anderen klauen doch auch**. Danach brach Gelächter im Versammlungsraum aus, und die Sache wurde als erledigt betrachtet.

*

Hr. R. wurde relativ spät zum rumänischen Militärdienst eingezogen. Im zivilen Leben hatte er dabei schon in drei Berufen Erfahrung gesammelt (Landmaschinenmechanik, Radio- und Fernsehtechnik sowie Autoelektrik), da er oft, neben seinem festen Beruf noch einen Zweitberuf ausübte (als Selbständiger nach Feierabend), den er natürlich anmelden musste, damit dem Fiskus nichts entgeht.

Beim Militär wurde Hr. R. einer Arbeitseinheit zugewiesen (also keiner Kampfeinheit), da man in die nationalen Minderheiten nicht das absolute Vertrauen hatte (überhaupt, wenn der Vater mal „deutscher Soldat" gewesen war). Die meisten Soldaten unserer Einheit wurden zum Verlegen von Eisenbahnschienen oder zum Kanalgraben abkommandiert.

Hr. R. wurde (dank seiner beruflichen Erfahrung) als „Autoelektriker" einem Maschinenpark zugeteilt, und musste dafür sorgen, dass alle Maschinen stets einsatzbereit waren. Der Maschinenpark gehörte zu einem Zementwerk welches, von einem Steinbruch in den Bergen (Südkarpaten), über ein Elevator-Band mit dem nötigen Gestein versorgt wurde.

Eines Tages, im Winter, es war bitter kalt, konnten die Maschinisten ihre riesigen Steinbrechmaschinen vor lauter Kälte nicht starten. Da bekam Hr. R. vom Major den Befehl, das Problem unverzüglich zu lösen. Hr. R. nahm zwei gut geladene Reservebatterien mit und fuhr in die Berge. Dort angekommen (die Maschinisten hatten schon die Ölwannen angewärmt, damit das Öl nicht so zäh ist) schaltete Hr. R. zwei Batterien in Serie um den Starter zu aktivieren (*nicht erlaubt, da doppelte Spannung*), tränkte einen Lappen in Benzin, hielt den Benzinlappen an den Luftfilter des Dieselmotors damit der Dieselmotor mit der Luft auch Benzin einsaugen konnte (*nicht erlaubt*) und startete so die Maschine. Darf man zwar nicht so oft machen (doppelte Batteriespannung anlegen und Benzin einem Diesel-motor zuführen), aber Befehl ist Befehl.

*

Als Soldat einer Arbeitseinheit, wo all jene zusammen-gefasst waren, in welche der sozialistische Staat kein Vertrauen hatte, durfte man auch keine Waffen tra-gen. Zum Exerzieren bekam man so alte 1. Weltkriegs-Gewehre, natürlich ohne Munition. Aber man drillte uns mit Gewehr auf, Gewehr ab und Gewehrlaufrei-nigen. Eines Tages sollten wir tatsächlich auch auf ein Ziel aus Holz schießen. Jeder Soldat bekam von seinem Korporal immer nur ein Schuss ausgehändigt (drei Mal hintereinander). So viel Vertrauen musste sein. Anschließend, sagte der Korporal, will er die Gewehre in blitzsauberen Zustand wieder einsammeln.

Hr. R. wollte sich das Gewehrlaufputzen sparen, und bat einen Kammeraden, welcher soeben seine Schieß-übung beendet hatte, ihm sein Gewehr zu leihen, da das seine angeblich einen Rechtsdrall habe. Der Kamerad überließ Herrn R. sein Gewehr. Nach dem Schießen gab Hr. R. das Gewehr wieder zurück und bedankte sich. So blieb das eigene Gewehr blitzsauber. Der Korporal begutachtete und war zufrieden.

*

Während seiner Militärzeit wurde Herr. R. und noch zwei andere Kollegen, denen man eine gewisse Intelligenz zutraute, aufgefordert, einen kulturellen Beitrag zu leisten und einen frei wählbaren Artikel zu schreiben für unseren Aushang am schwarzen Brett. Da Herr R. politisch nicht anecken wollte, wählte er ein Thema über die Kunst.

Er bemühte die Metapher der Kunst als wunderbare Rose, die man behutsam anfassen sollte, da sie auch von Dornen umhegt ist, sowie das Bestreben der Kunst nach Schönheit, Vollkommenheit, Rhythmus und Musikalität. Dabei schwärmte er von der Sphärenmusik welcher Pythagoras und Platon schon lauschten und kam letztendlich, fatalerweise, auf die freie sittliche Persönlichkeit zu sprechen. Dabei stellte er fest, **dass der Mensch der einzige Repräsentant der Intelligenz und des freien Willens sei.** Und da wir ein so komplexes Wesen sind, hat der Mensch, um sein Zusammenleben zu organisieren, Regeln aufgestellt, sich also Gesetze gegeben und sollte, **als sittliches Wesen**, zum ersten Mal in der Geschichte, sich seiner Taten bewusst werden. Das Einhalten dieser Gesetze zeugt von sittlicher Reife, dass nicht Einhalten dieser Gesetze von einer labilen, unreifen Persönlichkeit.

Wir hatten in der Einheit einige schwere Disziplinarvorfälle, worauf Hr. R. damit hinweisen wollte. Der Artikel war also ziemlich unpolitisch, aber nachdem der „**Politische Major**" ihn gelesen hatte, wurde er nach drei Tagen vom schwarzen Brett entfernt.

Auf die Nachfrage des einen Kollegen nach dem Artikel, wurde nur eine ausweichende Antwort gegeben.

Wahrscheinlich hat man sich an dem „Menschen als Repräsentant der Intelligenz und des freien Willens" oder an der „Freien sittlichen Persönlichkeit" gestört. Dies alles war ja, in einer kollektivistischen Gesellschaft, wo alle angeblich gleich waren, nicht gern gesehen.

Bald danach informierte ein guter Kamerad Herrn R., der zufällig befreundet war mit einem anderen Kameraden, dass dieser darauf angesetzt wurde, Herrn R. zu bespitzeln.

Wahrscheinlich war er nicht der Einzige. Also wusste Herr R. Bescheid und ließ sich nicht auf verfängliche Diskussionen ein. Es hätte schief gehen können. Man suchte krampfhaft nach Klassenfeinden.

Und heute, Anno 2024, im freien Westen, installieren wir wieder Meldeportale...

*

Vater war Kriegsveteran (2. WK). Als Banater Schwabe (das Banat wurde 1920 von Österreich-Ungarn nach dem 1. WK an Rumänien abgetreten) wurde er somit, ungewollt, Rumänischer Staatsbürger deutscher Nationalität. Also wurde Vater zur Rumänischen Armee eingezogen. Rumänien war Verbündeter des Deutschen Reiches und nahm am Feldzug gegen Russland teil. Um von der Ostfront wegzukommen (die Rumänische Armee stand schon in der Ukraine am Dnipro) meldete er sich freiwillig für eine Ausbildung zum Fallschirmjäger an. Also ging es vorerst wieder zurück in die Heimat. Alle, die zur Ausbildung ange-meldet waren, mussten eine ärztliche Untersuchung über sich ergehen lassen, um ihre Tauglichkeit zu prüfen. Zufällig traf er beim Ausbildungszentrum einen ehemaligen Schulkollegen der schon im Offiziersrang war. Die Ausbildung sollte ja nur ein Vorwand sein, um von der Ostfront loszukommen. Fallschirmspringer wollte er nicht werden. Also fragte er seinen Schulkollegen, was er tun könnte, damit man ihn „als nicht tauglich" einstuft. Der Kollege gab ihm den Rat: er soll behaupten, dass er in seiner Jugend mal eine „Gehirnhautentzündung" gehabt habe.
Genauso hatte er es gesagt und wurde aussortiert. Da er nun von der Ostfront weg war und nicht mehr zu seinem Regiment zurückkonnte, machte man ihn – in der Heimat – zum Rekrutenausbilder. Der Haken daran war, dass der Rekrutenausbilder mit seinen Rekruten – nach der Ausbildung – wieder an die Ostfront musste. Da wechselte er – in einer Geheimaktion - als Deutsch-stämmiger zur Deutschen Wehrmacht.

In Deutschland angekommen, musste er zuerst eine neue Ausbildung – in Grafenwöhr - durchlaufen.
Er hoffte so - von Ausbildung zu Ausbildung - das Ende des Krieges ohne Kampfeinsatz noch zu erleben. Leider war dem nicht so. Im Jahre 1944 wurde er – nach kaum anderthalb Monaten an der Ostfront - schwer verwundet und verlor seinen rechten Arm.

*

Nach dem Krieg wäre er gerne in Deutschland geblieben, aber die Hungersnot war groß und als Invalide konnte er weder arbeiten noch hamstern gehen. So entschloss er sich, im Sommer 1946, mit einem Landsmann – über Österreich und Ungarn – wieder in die alte Heimat (Banat) zu gehen. Hier in Rumänien hatten die Kommunisten aber die Macht übernommen. Die deutsche Bevölkerung wurde enteignet und die Bauernhöfe geplündert. Alle Soldaten welche in der deutschen Armee gedient hatten, wurden eingesammelt und in Gefängnisse verbracht.
Eines Tages erschien auch auf Vaters Hof ein wilder Haufen, bewaffnet mit Knüppeln und Eisenstangen, und forderten ihn auf mitzukommen. Den einen der Burschen kannte er gut – er war nämlich früher öfter auf unserem Bauernhof als Tagelöhner beschäftigt.
„Wer hat das veranlasst und wo steht es geschrieben, dass ich mitgehen muss?", fragte Vater.
Da hielt der ehemalige Tagelöhner meinem Vater eine Liste hin und sagte: „da steht dein Name drauf."
Vater nahm die Liste entgegen und tat so als würde er seinen Namen suchen. Er wusste, dass der ehemalige Tagelöhner Analphabet war und sagte: „also, ich finde

meinen Namen hier nicht auf der Liste. Kannst du mir bitte zeigen, wo mein Name steht?" Natürlich konnte er es nicht. Nach einigen Drohungen musste Vater dennoch mitgehen.

*

Vater wurde anschließend nach Temeswar (Stadt im Banat) ins Gefängnis gebracht. Man trug hier Privatkleidung, weil so viele Sträflingsanzüge gar nicht vorhanden waren. Die Häftlinge wurden zu verschiedenen Arbeitseinsätzen gebracht. Vater wurde – durch seine Invalidität – teils verschont.

Eines Tages mussten sie sich in Marschformation aufstellen und wurden in ein anderes Gebäude, am Rande der Stadt, gebracht. Auf dem Weg dorthin, mussten sie auch Teile der Innenstadt durchqueren.

Da kam Vater ein genialer Fluchtgedanke. Als ihre Kolonne um ein Straßeneck bog, drehte er sich um und ging, ganz selbstverständlich, in die andere Richtung. Kein Aufseher bemerkte, dass hier einer aus der Reihe ausscherte und das Weite suchte. Man trug ja Zivilkleidung. Da die Erfassung der Häftlinge mehr als lückenhaft war, hat man auch nachher sein Fehlen nicht bemerkt. Jetzt musste er nur noch die Polizei am Heimatort überzeugen, dass sie ihn nicht mehr meldet. Also packte er alle Argumente zusammen, nämlich: Eine Kanne Honig, einen Krug Wein und ein Paar Würste und ging damit zum örtlichen Polizeichef. Dem erzählte er glaubhaft, dass man ihn nachhause geschickt habe, weil man ihn, wegen seiner Invalidität, nicht gebrauchen kann. Er strich ihn von der Liste!

*

Opa Hans konnte gut rechnen und schreiben. Er hatte diese Fertigkeiten während des Krieges (1. WK) vervollständigt, wo er beim Offiziersstab unter anderem auch Funk- und Verwaltungsaufgaben erledigte.

Im zivilen Leben war er nachher Bauer mit eigenem Bauernhof. Er war es gewohnt seine Ein- und Ausgaben sowie seine Ernteerträge sorgfältig zu erfassen. Nach der Ernte brachten die Bauern ihre Erzeugnisse zu einem Großhändler in die Stadt. Opa hatte zu jener Zeit schon eine Waage und hatte jeden Weizensack genau abgewogen und alle Säcke gleichmäßig abgefüllt.

Die meisten Bauern hatten zuhause keine Waage und waren im Rechnen und Schreiben nur mäßig gebildet. Die Großhändler haben dabei regelmäßig die Bauern übervorteilt und beim Wiegen des abgelieferten Getreides geschummelt.

Eines Tages war auch Opa wieder, unter vielen anderen, mit einer Fuhre Weizen, beim Großhändler. Der Großhändler (Herr Neumann) wog den ersten Sack aus Opas Kontingent und rief seinem Schreiber das Ergebnis zu (es waren 5 kg weniger als Opa zuhause gewogen hatte). Da protestierte Opa laut vor allen Bauern und sagte: er habe zuhause jeden Sack Weizen auf 80 kg abgefüllt und gewogen. Damit die Schummelei nicht aufflog, sagte der Großhändler zu meinem Opa: „Warum haben sie denn nicht gesagt, dass Sie schon alles vorab gewogen haben, damit ersparen wir uns doch viel Arbeit." Die ganze Fuhre wurde unbesehen übernommen, um ja kein Misstrauen bei den anderen Bauern zu erwecken.

*

Opa Hans hatte einen großen Garten, den er - nebst Obst und Gemüse - auch mit Weinreben bepflanzte. Wo es möglich war, hatte er die Reben auf Spalier gezogen und konnte so den Ertrag steigern und ca. 1000 Liter Wein pro Jahr erzeugen. Ein Teil dieses Weines hatte er auch, bei Gelegenheit, an Bekannte oder an Laufkundschaft verkauft und so sein spärliches Einkommen ein bisschen aufgebessert. Dies war im Kommunismus natürlich nicht erlaubt, dass jemand durch Fleiß und ohne die Erlaubnis und Beteiligung des Staates, sein Einkommen aufbessert. Die beiden Dorfpolizisten haben dies natürlich mit der Zeit mitgekriegt.

Auf dem Balkan herrschte aber ein schlampiger Kommunismus und jeder suchte, in dem engen System, seinen kleinen Vorteil. Also kamen die beiden Dorfpolizisten regelmäßig bei Opa vorbei und ließen sich ihre 3-Liter Krüge abfüllen (natürlich ohne zu bezahlen) und Opa durfte weiterhin seine Geschäfte machen. Dies ging natürlich an die Substanz und Opa musste eine schlaue Lösung finden. Da kam ihm die Idee, die Rückstände welche nach dem Auspressen der Trauben (genannt „Trester") übrig bleiben, zu verwerten und daraus – mit Zutaten wie Zucker und Wasser etc. – einen passablen trinkbaren Wein für korrupte Dorfpolizisten zu machen.

Als er mir dies beichtete hatte ich Bedenken, die beiden Polizisten könnten es - an der Qualität - merken und Probleme machen.

Darauf Opa: „Die merken gar nichts. Die trinken doch alles was kratzt und damisch (also schwindlig) macht."

*

Opa Matthias war ein Weltenbummler. Er hatte vier Mal den Atlantik per Schiff überquert. Als Musiker, beim Zirkus Sarrasani, kam er 1928 nach Sao Paulo (Brasilien). Dort lernte er, im Deutschen Club, meine Oma kennen, die mit ihren Eltern auch aus dem **Banat** (deutsches Siedlungsgebiet der K. u. K. Monarchie in Südeuropa) ausgewandert war. Sie heirateten und übersiedelten anschließend nach Buenos Aires in Argentinien. Anna, meine Mutter, wurde 1930 hier geboren und besuchte später noch die deutschsprachige Humboldt-Schule in Buenos Aires. Man verdiente hier gutes Geld, dieweil in Europa noch die Wirtschaftskriese grassierte.

Das junge Paar sparte sich hier ein kleines Vermögen zusammen und beschloss, im Mai 1939, wieder nach Europa, in die alte Heimat, zu übersiedeln. Von dem ersparten Geld in der Fremde kauften sie sich Haus und Hof und einige Hektar Land und wollten, wie ihre Vorfahren, ein biederes Landleben führen.

Das junge Glück währte nicht lange, denn schon im September 1939 brach der Zweite Weltkrieg aus. Opa wurde 1942 eigezogen. Gegen Ende des Krieges geriet er in russische Gefangenschaft und wurde später in die Deutsche Ostzone entlassen. Von hier aus übersiedelte er, noch rechtzeitig, wieder nach Argentinien, wo seine Eltern und Geschwister lebten. Er wollte anschließend die Familie nachholen, da im Banat die deutsche Bevölkerung, unter einer kommunistischen Regierung, enteignet wurde. Haus, Hof und Landbesitz wurden in Staatseigentum überführt. Der Eiserne Vorhang wurde Realität und jede Ausreise in ein westliches Land unterbunden.

Also entschloss Opa sich 1956, schweren Herzens, wieder zu seiner Familie ins Banat (Rumänien) zu übersiedeln. Als er mit dem Schiff in Genua (Italien) ankam und sagte: er wolle von hier aus nach Rumänien weiterreisen, schüttelte man nur ungläubig den Kopf und fragte ihn ernsthaft, ob er verrückt sei?

*

Onkel Hans, Vaters jüngerer Bruder, war ein kleiner Rebell. Er sollte eine Lehrerausbildung machen, so haben es die Eltern beschlossen. Da er aber eine Vorliebe für Technik hatte, beschloss er, eine Techniker-Schule in Wien zu besuchen. Sein Wiener Freund, mit dem er korrespondierte, wollte ihm dabei behilflich sein. Also packte er seine sieben Sachen und begab sich – ohne Pass – und ohne das Wissen und die Erlaubnis der Eltern, (mit 16 Jahren) auf die Reise nach Wien. Nachdem das „Banat" seit dem Ende des Ersten Weltkriegs aus der K u. K Monarchie ausgegliedert wurde und nun zu Rumänien gehörte und auch Ungarn ein eigenständiger Staat war, musste er illegal zwei Grenzen überwinden. Die Grenze zwischen Rumänien und Ungarn konnte er noch unbemerkt überschreiten. An der Ungarisch-Österreichischen Grenze haben ihn die ungarischen Grenzer aber festgenommen. Beim Verhör behauptete er, er käme aus Wien, sei also Österreicher. Da er deutschsprachig war, hat man ihm die kleine Schummelei abgenommen und ihn auf die österreichische Seite abgeschoben. Also Ziel erreicht. In Wien machte er dann eine Techniker- und Feinmechaniker Ausbildung.

Da die Lage in Wien, nachdem der Zweite Weltkrieg ausgebrochen war, immer prekärer wurde und die Versorgung mit Lebensmittel mangelhaft war, beschloss er wieder ins „Banat" zurück zu kehren. Diesmal gelang es ihm beide Grenzen, in die entgegengesetzte Richtung, unbemerkt zu überwinden. Am Bahnhof - in unserem Dorf – angekommen, erkannten ihn die Leute und verständigten meinen Opa, damit er den verlorenen Sohn abholen geht.

Opa aber blieb stur und sagte nur: „der weiß ja wo wir wohnen."

*

Onkel Josef, Opas jüngerer Bruder, gehörte eigentlich einer glücklichen Generation an. Er war zu jung für den Ersten Weltkrieg und zu alt für den Zweiten Weltkrieg. Kurz vor der Wirtschaftskriese, Ende 1928, emigrierte er - aus dem „Banat" - in die USA, um dort sein Glück zu suchen. Die Jobsuche gestaltete sich anfangs schwierig, da er ja nur ein Junge vom Land war, aber in der Stadt sein Geld verdienen wollte. Nach langem Hin und Her hat der Vermittlungsagent ihm eine Stelle als Maler angeboten. Josef beteuerte, dass er ja kein Maler sei und von den Herausforderungen des Berufes keine Ahnung habe.

Darauf der Agent: „Du gehst jetzt dorthin und behauptest, dass du Maler bist. Du wirst doch noch einen Pinsel in der Hand halten können."

Der Boss von der Baustelle hat schon nach dem ersten Tag gemerkt, dass hier kein Maler am Werken war, aber es ist ihm aufgefallen, dass er sein Bestes gegeben hat und bestrebt war, den einen oder anderen guten Ratschlag anzunehmen. Er bekam den Job.

Er verdiente hier gutes Geld und kehrte 1938 wieder in die Heimat zurück. Hier kaufte er sich Haus und Hof und Land und hatte sogar den ersten Traktor im Dorf. Nach dem Zweiten Weltkrieg war Rumänien von der russischen Armee besetzt, und viele Deutsche aus dem „Banat" wurden zur Zwangsarbeit nach Russland verschleppt als Rache am Dritten Reich, dessen Bürger sie ja gar nicht waren. Josef sollte eigentlich davon verschont bleiben, da er schon zu alt war. Doch wie der Zufall es wollte, brachte er eine Fuhre Weizen zum städtischen Bahnhof. Dort wurden gerade auch einige Landsleute zur Zwangsarbeit nach Russland deportiert und in Viehwaggons eingepfercht.

Anscheinend hatten sich einige, welche deportiert werden sollten, aus dem Staub gemacht und das Kontingent war unvollständig. Also nahmen die russischen Soldaten alle Personen in der Umgebung, die sonst noch greifbar waren, und ergänzten das Kontingent.

Auch Josef wurde vom Sitz des vollgeladenen Pferdewagens heruntergerissen und in den Viehwaggon gestopft. Nach fünf Jahren Zwangsarbeit kehrte er wieder in die Heimat zurück. Er wurde 102 Jahre alt.

*

Die Angehörigen unseres Familienzweiges waren Siedler und Aussiedler. Nach dem Ende der Türkenkriege - Anfang des 18. Jahrhunderts - wurden sie von der Habsburger Monarchie angeworben (aus Lothringen, Elsas, der Pfalz und Schwaben) und als Land- und Wehrbauern in Südosteuropa angesiedelt. Sie waren, fern dem Kernland, in besonderem Maße den wechselhaften Machtverschiebungen am Rande des Reiches ausgesetzt. Mal gehörten sie zum Deutschen Reich, dann zur K u. K Monarchie, dann zu Ungarn und nach dem 1. WK zu Rumänien. Dennoch hatten sie einen starken Bezug zu diesem Flecken Erde welches sie unter schwersten Bedingungen urbar gemacht und zivilisatorisch erschlossen haben. Es war eine der Kornkammern der Monarchie. Hier entwickelte sich ein reges kulturelles Leben, flankiert von deutschen Schulen, Gymnasien, höheren Schulen, einer streitbaren Presse und einem geselligen Vereinsleben. Auch ein über Jahrhunderte gepflegtes Brauchtum war hier tief verwurzelt. Wo auch immer sie vorübergehend, in prekären Zeiten, ihren Lebensunterhalt verdienen mussten, sie kamen immer wieder in die Heimat zurück. So siedelten meine Verwandten mütterlicherseits vorübergehend in Brasilien und Argentinien, die väterlicherseits in den USA und Kanada. Sparsam, fleißig und bieder einerseits, gewitzt und weltgewandt andererseits, so waren sie, die „Banater Schwaben".

Selbst nach dem 2. WK kehrten viele, welche in der Deutschen Armee gedient hatten, in die Heimat zurück. Sie konnten sich nicht vorstellen hier gedemütigt, enteignet und verschleppt zu werden. Die

Vorstellung, dass man ihnen das rechtmäßig, mit Brief und Siegel, erworbene Land wegnehmen könnte, war in ihrer Weltsicht einfach nicht vorhanden. Hatten sie doch Land auf ewig erworben, wie man so schön sagte. Nach diesen traumatischen Vorfällen und nach dem Fall des „Eisernen Vorhangs" kehrten die meisten wieder nach Deutschland, in ihre „Urheimat", zurück.

*

Glossar

und

Quellennachweis / Bildnachweis

Stichwort

Fata: Plural von Schicksal (Lateinisch).

Gesinnungsethik: Eine Handlungsweise, welche die eigenen moralischen Vorstellungen in den Vordergrund stellt, ohne Rücksicht auf die daraus resultierenden Folgen (Gegensatz: Verantwortungsethik).

Korsaren: Freibeuter. Hier muslimische Piraten, welche im Mittelmeer - vom 16. bis Anfang des 19. Jahrhunderts - von der Nordafrikanischen Küste aus agierten.

Psalmen: eine Zusammenfassung poetischer Texte innerhalb der Bibel. Viele Psalmen gehen angeblich auf die Urheberschaft König Davids zurück

Raumzeit: Die Krümmung von Raum und Zeit wird durch das Gravitationsfeld einer Masse verursacht. Dadurch wird die Bewegung des Lichts oder eines Körpers von A nach B verzögert.

Veden: auch „Wissen", „heilige Lehre". Eine Sammlung religiöser Texte (Hymnen und Lieder im Hinduismus). Geht zurück auf die Indogermanische Kultur der Arier, die ca. um das Jahr 1500 – 1000 v. Chr. in Nordindien eingewandert sind und die viel älteren Kulturen (Harappa-Kultur etc.) in den Flussebenen des Indus und Ganges verdrängt haben.

Quellennachweis:

Betreff Kapitel „Stichwort": Unter Zuhilfenahme von Wikipedia - die freie Enzyklopädie (Abrufdatum: Juni 2024).

Bildnachweis:
S.9 Sphinx im Schloss Belvedere in Wien
Privatarchiv Gerlinde Rauner

S. 13 Scwarzes Loch: Von Dana Berry/NASA - http://www.nasa.gov/mission_pages/swift/bursts/short_burst_oct5.html, Gemeinfrei, [Public domain] | {{PD-USGov}}. https://commons.wikimedia.org/w/index.php?curid=27365380
Abrufdatum: 30.12.2020

S. 16 Von Jastrow in der Wikipedia auf Französisch - photo by Jastrow, Gemeinfrei, https://commons.wikimedia.org/w/index.php?curid=1666501

S. 27 Privatarchiv Heiko Rauner

S. 31 Holzstich von Gustave Doré (1861)
Gemeinfrei,
https://commons.wikimedia.org/w/index.php?curid=460728
{{PD-Art|PD-old-auto-expired|deathyear=1883}}
Abrufdatum: 22.01.2023

S. 33 -Neue Horizonte: Von Autor/-in unbekannt - (5. Dezember 1931). "Nuevos horizontes". Gracia y Justicia Año I (14): 13., Gemeinfrei,
https://commons.wikimedia.org/w/index.php?curid=76597214
Abrufdatum: 09.01.2023

S. 39 - Von Thomas Baines - 2161 Edinburgh Research Archive, Gemeinfrei,
https://commons.wikimedia.org/w/index.php?curid=80060921

Inhalt

Von Robert Rauner sind bisher erschienen:

Eine Poesie, die leichtfüßig daherkommt und erzählen kann - dazu eine Melange aus Lebensklugheit, Humor und Sarkasmus. Mitunter schwingt auch Wehmut mit; man taucht in die Abgründe des Seins und sucht nach letzten Fragen. Mit Vorliebe greift der Autor auch historische Themen auf und verwandelt sie in Poesie.

Eine subtile Gesellschaftskritik – verpackt in hintergründigem Humor, Resignation und Spott sowie ein gesunder Patriotismus geben dem Inhalt aktuelle Relevanz.

Am Ende aller Straßen
Gedichte, Weisheiten und Frechheiten

176 Seiten; Taschenbuch-Format / und eBook
Verlag: BoD – Books on Demand, Norderstedt

Taschenbuch: ISBN : 978-3-7481-4922-4
eBook   : ENR : 978-3-7481-5360-3

Gestochen scharfe Reime, ein elegant dahinfließender Vers, dazu ein erfrischender Humor welcher oft in Sarkasmus abgleitet. Doch es ist ein sanftes Gleiten, ein leises Schmunzeln welches viel Empathie erkennen lässt. Wie der Titel schon andeutet, tummelt sich der Schelm auch auf Abwegen: behandelt frei und lässig historische und philosophische Fragen und wagt sich mitunter auch in die Abgründe des Seins. Abgerundet wird das Werk durch Anekdoten aus Beruf und Alltag, gespickt mit Schabernack und hintergründigem Humor.

Ein Schelm auf Abwegen
Gedichte und Anekdoten

108 Seiten; Taschenbuch-Format / und eBook
Verlag: BoD – Books on Demand, Norderstedt

Taschenbuch: ISBN : 978-3-7519-9696-9
eBook   : ENR : 978-3-7526-3305-4

Steckbrief

Robert Rauner wurde 1949 geboren.

Erste literarische Erfahrungen sammelte er in Literaturkreisen sowie bei Vorträgen in Kultur- und Theatergruppen.

Schon hier zeigte sich sein Hang zu hintergründigem Humor, subtiler Gesellschaftskritik und einer nachdenklichen Lyrik.

Erste Veröffentlichungen und Lesungen erfolgten (teils aus politischen Gründen nur dosiert und sporadisch) schon in den Jahren 1970 – 1973.

Er lebte in zwei Kulturen, zwei politischen Systemen, absolvierte – nebst dem Wirtschaftsgymnasium - mehrere Berufsausbildungen und war vorwiegend in der Elektronik sowie in der Software- und Systementwicklung tätig.

So breit gefächert wie seine beruflichen Interessen sind auch seine literarischen, historischen und gesellschaftlichen Interessen. Sie alle finden eine Nische in dem Buch:

„Die Welt hängt schief".